El árbol que sobrevivió al invierno

**MARY FAHY
EMIL ANTONUCCI**

EDICIONES OBELISCO

Si este libro le ha interesado y desea que le mantengamos informado
de nuestras publicaciones, escríbanos indicándonos qué temas son de su interés
(Astrología, Autoayuda, Ciencias Ocultas, Artes Marciales, Naturismo,
Espiritualidad, Tradición…) y gustosamente le complaceremos.

Puede consultar nuestro catálogo en www.edicionesobelisco.com

Colección Espiritualidad
EL ÁRBOL QUE SOBREVIVIÓ AL INVIERNO
Mary Fahy

1.ª edición: febrero de 2016

Título original: *The tree that survived the winter*

Traducción: *Joana Delgado*
Maquetación: *Isabel Estrada*
Corrección: *M.ª Jesús Rodríguez*
Diseño de cubierta: *Enrique Iborra*

© 1989, textos de Mary Fahy
(Reservados todos los derechos)
© 1989, ilustraciones de Emil Antonucci
© 2016, Ediciones Obelisco, S. L.
(Reservados los derechos para la presente edición)

Edita: Ediciones Obelisco S. L.
Pere IV, 78 (Edif. Pedro IV) 3.ª planta 5.ª puerta
08005 Barcelona - España
Tel. 93 309 85 25 - Fax 93 309 85 23
E-mail: info@edicionesobelisco.com

ISBN: 978-84-9111-066-8
Depósito Legal: B-667-2016

Printed in Spain

Impreso en Gráficas 94, Hermanos Molina S. L.
Polígono Industrial Can Casablancas
Garrotxa, nave 5 - 08192 Sant Quirze del Vallès (Barcelona)

Para Claire,
cuya entrega hacia su propio viaje interior
dio pie a esta historia

Una mañana, el árbol se despertó más pronto de lo habitual y estiró sus brazos hacia el horizonte como si invitara a los primeros rayos del alba a introducirse en su mundo. Tembló de placer agitando sus raíces en la tierra fangosa, una tierra que acababa de abandonar su helada dureza.

Intuyó que algo había cambiado. Sus raíces parecían adentrarse con más firmeza en la tierra, sus ramas, abarcar más mundo, y no con los tímidos gestos de un arbolillo joven temeroso de enfrentarse al viento, sino con la libertad del que sabe que el viento no le va a derribar.

—¡He sobrevivido al invierno! –se asombró en voz alta.

—¡Qué maravilla! —susurró el alba, que tenía la habilidad de apreciar nuevos milagros sin importar la frecuencia con la que sucedieran. Se arremolinó en torno al joven árbol siguiendo un ritual de bendiciones, envolviéndole dulcemente, haciendo que se sintiera extraordinario.

«¡Qué diferente percibo ahora todo!», reflexionó el árbol, pues pocas semanas antes la tierra blanda de debajo de sus raíces le había transmitido pánico a través de cada rama. En aquellos momentos había gritado presa de terror, había sentido cómo se hundía en aquel agujero negro, cómo se perdía.

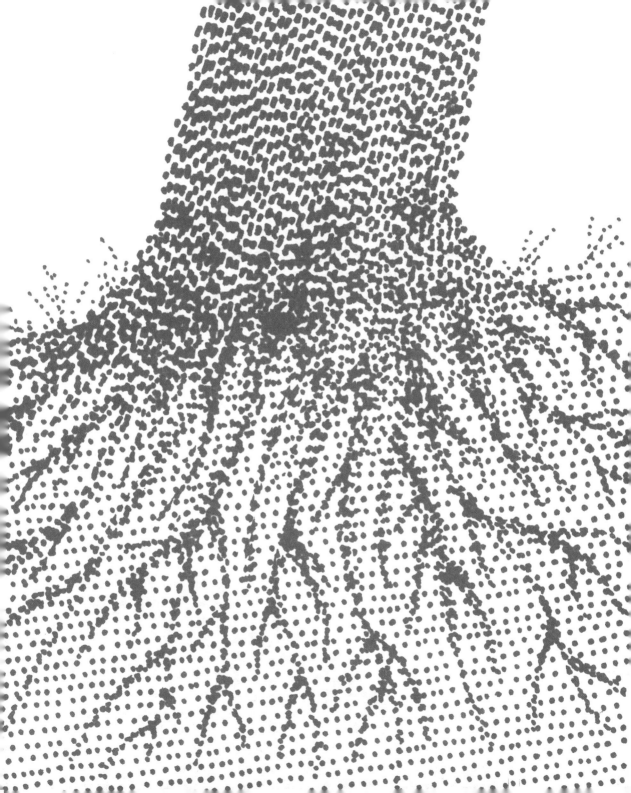

«¡Qué estúpido me parece ahora todo aquello!», meditó, pero los sentimientos habían sido reales y no podía negarlos.

No diferían mucho de la desesperación que había vivido tiempo atrás, cuando le sacaron del confortable semillero para trasplantarlo en aquella lejana ladera. Recordó vivamente el miedo que había experimentado, tan aislado de todo lo que le era familiar y preciado, tan hundido en el terror, tan inseguro de quién era y en quién iba a convertirse.

Pero junto al miedo sentido estaba la innegable sensación de haber sido elegido entre otros muchos, de haber sido trasplantado a aquel lugar con amor y convicción.

A menudo, durante el frío invierno, se cuestionaba el porqué, pero aun así, temblando de ansiedad, había sentido una voz interior, suave pero firme, que se mantenía clara y viva mientras, en lo más hondo de su ser, todo lo demás parecía haberse paralizado.

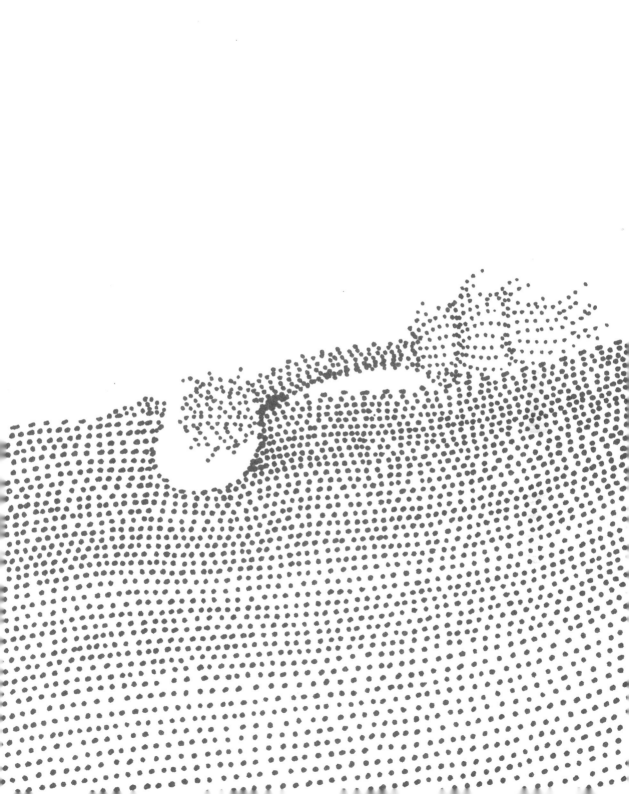

Pero ahora —¡ahora!—, era plenamente consciente de que
su vida interior estaba en armonía con el mundo exterior.
Relajó las tensas fibras de su ser que inconscientemente
había mantenido rígidas durante los fríos y grises meses.

«¡He sobrevivido al invierno!», se dijo lleno de júbilo.

—¡Has sobrevivido al invierno! –se hicieron eco los
pájaros de sus palabras, saltando de rama en rama,
columpiándose en aquellas tiernas prolongaciones
que el árbol ni siquiera había percibido.

—¡Oh!

Ésa fue la única palabra que el árbol pudo pronunciar,
suave y reverentemente, cuando contempló los blancos
brotes que asomaban en los extremos de sus ramas,
aquellas que una vez lucharon contra los vientos
invernales.

—¡He sobrevivido al invierno! –suspiró el árbol–, ¡y he crecido!

—¡Has sobrevivido al invierno y has crecido! –le hicieron coro las brisas que le mecían suavemente, dejando que bailara con ritmo sincopado.

Los días pasaron, la energía que había en su interior
explotó y derramó un racimo de hermosos brotes.
El árbol vio cómo cada día era más largo y bello que
el anterior.

La lluvia primaveral lo empapó de parabienes y coraje:

—Has sobrevivido al invierno y estás creciendo,
creciendo, creciendo…

—¡Creciendo! Sí, estoy creciendo —admitió el árbol—.
He sobrevivido al invierno y estoy creciendo.

Se estremeció placenteramente mientras admiraba su
nuevo aspecto y dejaba caer unas cuantas gotas de lluvia
sobre las violetas que gozaban del refugio de su tronco.

—¡Qué bello es estar vivo –les dijo.

—De hecho –dijo el sol apareciendo de repente tras un nubarrón–, ¡has sobrevivido al invierno porque eres mucho más amado!

El árbol sintió cómo el calor de aquel sol sonriente penetraba en sus raíces, atravesando incluso la corteza de su tronco. Allí estaba él, erguido y orgulloso, como presto a pasar una inspección.

—Estoy bastante hermoso, ¿verdad? –preguntó mientras acariciaba superficialmente a sus flores haciendo una elegante reverencia con su ramas–. Mirad lo bien que he sobrevivido al invierno.

Pero enseguida se detuvo, pues el recuerdo del duro invierno abrió en él la brecha de ira y miedo que creyó que la primavera había curado.

—¿Dónde estabas cuando te necesité? –le gritó al sol, y de repente su angustia contenida se liberó y empezó a fluir por las grietas de su corteza, a deslizarse por su tronco.

»¡Te necesitaba! Te necesitaba desesperadamente y no estabas allí –sollozó–. Te fuiste muy lejos, y yo me quedé allí frío, solo y aterrado. Los días eran tan grises cuando tú no estabas… y aunque te veía a lo lejos, no podía sentir tu calor ni llegar a ti con mis palabras.
¿No me veías temblar? Llegué a estar tan frágil que temí romperme, mis raíces empezaron a paralizarse bajo la tierra, mi corteza empezó a abrirse y…

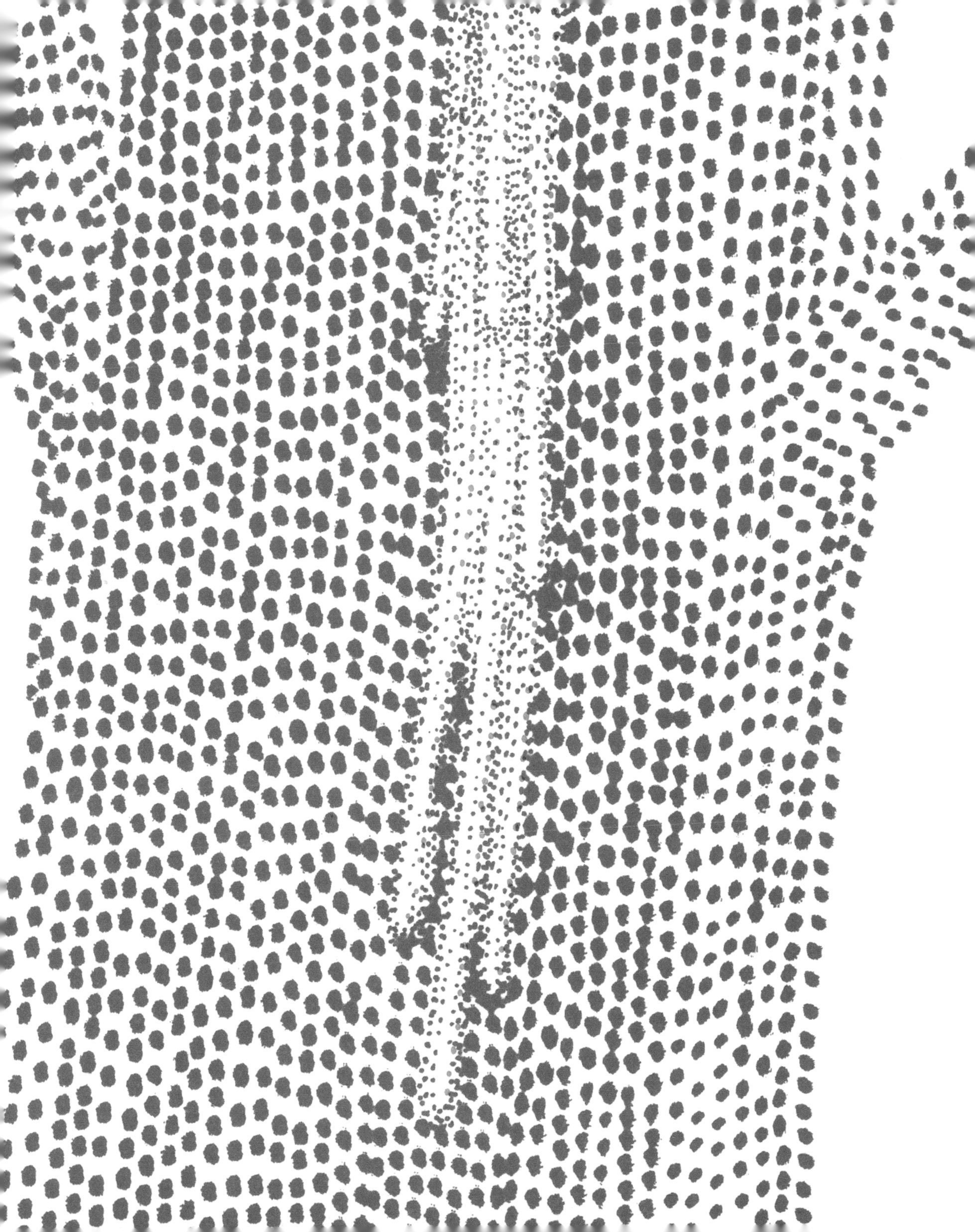

No pudo seguir, tan sólo pudo gritar:

—… ¡y te añoré terriblemente!

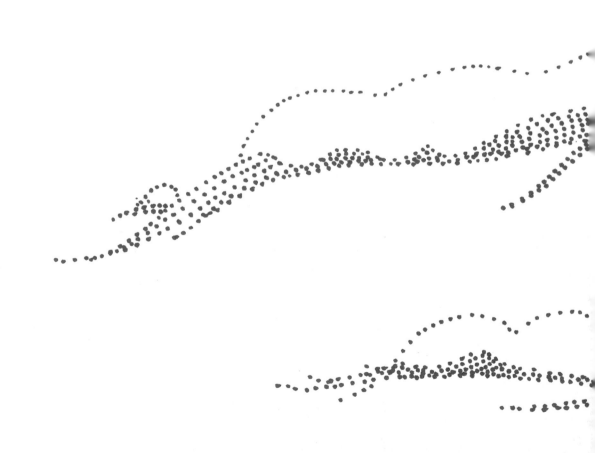

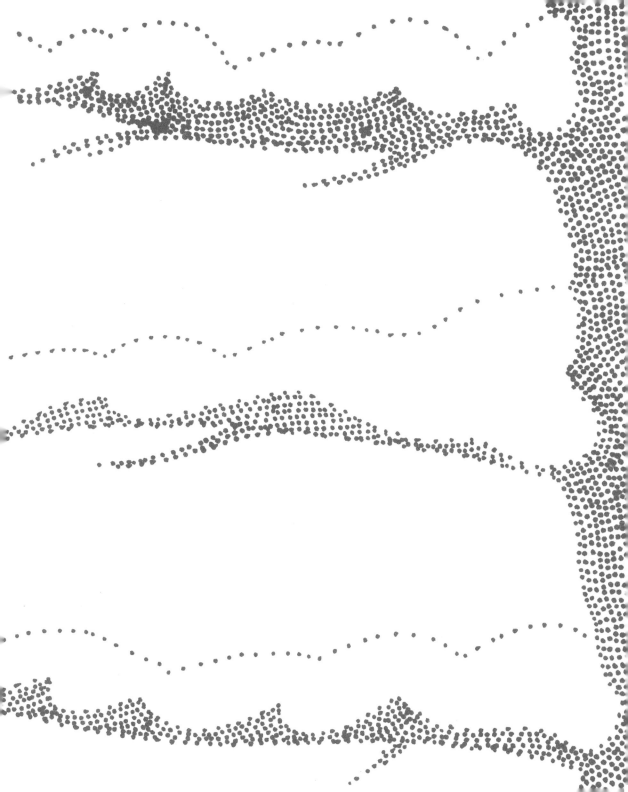

El sol brilló con más intensidad y se repitió el mensaje:

—¡Has sobrevivido al invierno porque ahora eres mucho más amado!

—¿Amado? –Tuvo dudas el árbol, no deseaba cuestionarlo, necesitaba sentirse seguro.

—Es cierto –contestó el sol–, hubo días que parecía que las nubes nos habían separado, pero yo realmente estaba allí, aunque no pudieras verme. Y aquellos días en los que yo era visible pero lejano –cuando no podías sentir mi calor–, era cuando te enviaba una gran concentración de luz. Pues hubo ocasiones en las que te aportaba luz y nieve a un tiempo, días en los que mi brillo se reflejaba en ti y en la tierra. Eran los días en los que pensabas que el resplandor era demasiado fuerte, la luz demasiado brillante. Veías más de lo que querías ver. ¿Recuerdas?

El árbol se había quedado atónito.

Y el sol prosiguió:

—Los temblores, el hielo, el frío glacial fortalecieron tu madera hasta el grado justo, necesitabas hacerte fuerte para cargar con el fruto que nacería de tus ramas.
Si hubiera estado junto a ti todo el invierno, no habrías crecido así de fuerte. No habrías llegado a ser lo que yo anhelaba y soñaba que fueras. Pero ahora: ¡mírate!

Un rubor rosáceo corrió por los pétalos de sus flores.
El árbol estaba estupefacto.

—Has sobrevivido al invierno porque eres, eras
y serás siempre muy amado –dijo el sol–. En ese pequeño
rincón de tu interior que permaneció descongelado y
abierto al misterio es donde yo he hecho mi morada.
Y mucho, mucho antes de que sintieras cómo te rodeaba
mi calor, estabas liberándote y tomando forma de una
manera tan intensa y profunda que ignorabas que todo
aquello estuviera sucediendo.

—Yo… yo… yo creí –susurró el árbol, notando que las palabras surgían de ese espacio en su interior.

—Sí, has creído –dijo el sol centelleando–. Siempre has creído, y eso te ha permitido crecer, pues si en lo más profundo de tu ser no hubieras seguido confiando en mí, nunca habrías alcanzado la plenitud interior.

El árbol se sentía tan feliz que apenas podía
soportarlo. Alzó los brazos en señal de alabanza,
no tenía palabras, pero tampoco eran necesarias.

Las semanas pasaron y el árbol un día solitario
se convirtió en parte de la vida de la pradera. Retuvo
con alegría las cometas de los niños que se agrupaban
en torno a él, y después, con espíritu juguetón, se las
devolvió de nuevo.

—Tienes espíritu deportivo –le dijeron–.
Te llamaremos AMIGO.

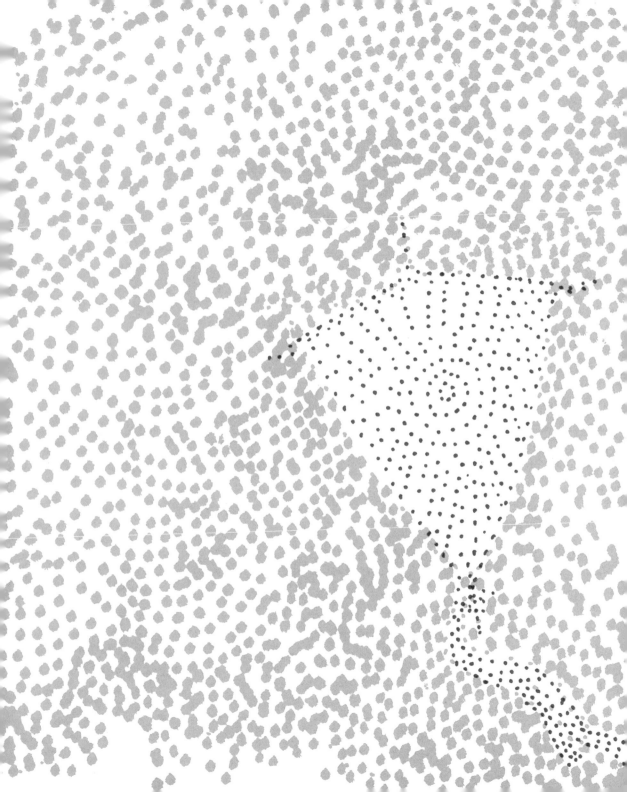

Una joven pareja se sentó a la sombra de su espesa copa, se hablaron de amor.

—Éste es un lugar especial –dijeron, y grabaron sus iniciales cerca del corazón del árbol.

Te llamaremos GUARDIÁN DE LOS SECRETOS.

Una mujer caminaba silenciosamente, fatigada y absorta, por el prado, ajena a cualquier cosa que no fueran sus propias cuitas. Ni tan sólo se fijó en el árbol.

—Ven, descansa un rato –susurró el árbol, pero tuvo que dejar caer uno de sus frutos para que ella percibiera su presencia.

La mujer se sentó cansinamente, comió la fruta y se quedó allí sentada, reflexionando. El árbol sintió la calma de aquella mujer que reposaba apoyada en su tronco.

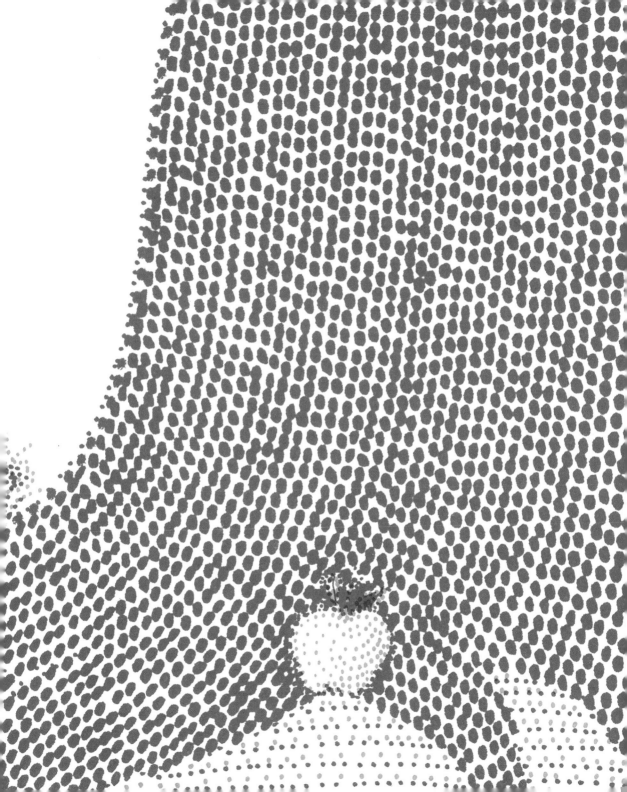

Finalmente, la mujer se levantó.

—Gracias –murmuró y le abrazó.

El árbol se estremeció de dolor, pues la mujer le tocó un lugar que no se había recuperado de los estragos del invierno –un punto que seguía vulnerable a pesar de las bondades de los meses de la primavera y del verano–. La mujer pareció darse cuenta y acarició cuidadosamente aquella parte del tronco. En aquel momento, entre aquella derrotada mujer y el árbol se dio una especie de comunión, un sentimiento de comprensión.

—Te llamaré ESPERANZA –susurró la mujer, y de nuevo lo acarició con cariño y gratitud.

Profundamente humilde, el árbol se inclinó agradecido
por los dones que ella compartía con él, pero más aún
agradeció lo menos patente: las cicatrices que habían
dado lugar a aquella inefable solidaridad.

Mucho después de haber compartido sus frutos y haber empezado a percibir unas vetas rojizas en sus hojas, el árbol seguía conservando en lo más profundo de su ser el recuerdo de todas sus experiencias.

—¿Quién hubiera podido imaginar que llegara a sucederme todo esto? –dijo a nadie en especial.

Después, dirigiéndose al sol, dijo:

—¡… tan sólo tú!

»¿Has visto? ¿Has escuchado? —preguntó entusiasmado—.
¡Me necesitan! ¡Me quieren! Comparto la vida al cien por
cien, y lo que es mejor: me han puesto nombre, ¿y no son
acaso unos bellos nombres? Me han llamado Amigo
y Guardián de Secretos y Esperanza.

—Ciertamente —contestó el sol, esparciendo su sonrisa
por el cielo vespertino—. ¿Y cómo te he llamado yo?

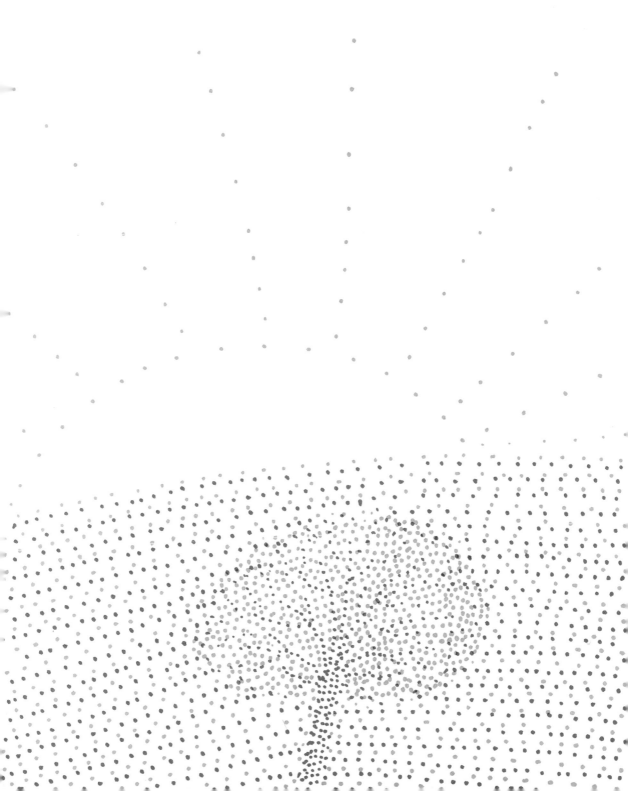

—¿Tú me has dado un nombre? —le preguntó el árbol atónito por su falta de perspicacia.

—Sí, mucho antes de que fueras una plántula —contestó el sol solemnemente.

—¿Y cómo me llamaste?

—Buena pregunta —contestó el sol—. Escucha muy, muy atentamente y te lo diré.

Mientras contemplaba cómo el sol se deslizaba tras la colina más lejana, el árbol permaneció inmóvil, expectante ante la promesa del recién pintado firmamento.

—¿Qué nombre me has puesto tú? –volvió a preguntarle en la quietud de la noche.

«Te he llamado PROMESA», dijo una vocecita en su interior.

—Te llamas Promesa –destelló Venus como si quisiera convencerle de ello.

—Te llamas Promesa —le confirmaron un billón
de estrellas resplandeciendo en la oscuridad de
la noche.